COMPTE RENDU

DE

LA PHOTOGRAPHIE

A L'EXPOSITION UNIVERSELLE DE 1855

PAR M. J. ZIEGLER

Imprimé à 100 exemplaires

1855

COMPTE RENDU

DE

LA PHOTOGRAPHIE

A L'EXPOSITION UNIVERSELLE DE 1855;

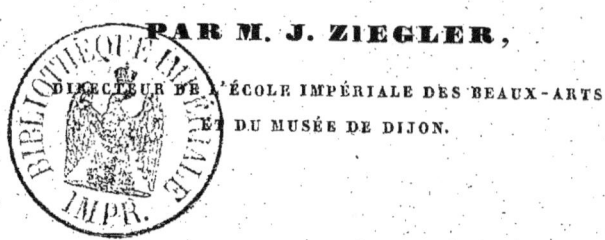

PAR M. J. ZIEGLER,

DIRECTEUR DE L'ÉCOLE IMPÉRIALE DES BEAUX-ARTS
ET DU MUSÉE DE DIJON.

Imprimé à 50 Exemplaires.

NE SE TROUVE CHEZ AUCUN LIBRAIRE.

1855.

EXPOSITION UNIVERSELLE.

PHOTOGRAPHIE.

CHAPITRE PREMIER.

Photographes français.

Depuis Daguerre, l'héliographie a fait de constants progrès ; le daguerréotype sur plaques métalliques est de jour en jour abandonné : tous les regards se dirigent maintenant vers les reproductions sur papier, auxquelles l'usage a maintenu le nom de photographie. Les plus belles épreuves exposées sont obtenues par des clichés ou négatifs sur glace ; la sensibilité leur a été donnée au moyen d'une solution de nitrate d'argent appliquée à une couche préalable d'albumine ou de collodion; les acides gallique et pyrogallique ont fait apparaître l'image, qui a été définitivement fixée par l'hyposulfite de soude.

Voilà, sauf quelques rares exceptions, l'exposé concis des procédés au moyen desquels s'obtiennent les clichés, qui, une fois réussis et fixés, servent à l'exécution des épreuves positives au moyen du soleil, comme une planche de cuivre produit une gravure au moyen de l'impression. On fait aussi des clichés sur papier : la netteté n'en est pas assurée; la finesse de l'épreuve, quelle que soit celle du papier, n'est pas constante; mais ils sont d'un avantage incontestable pour les voyageurs. L'Egypte de M. Maxime Ducamp, les Pyrénées de M. Vigier, les épreuves de MM. Lesecq, Legray, Mestral, et surtout celles de M. Baldus, prouvent l'excellent parti qu'on peut tirer d'une feuille de papier pour faire un négatif qui résistera aux chocs, aux accidents d'une longue route, et dont le poids sera insensible parmi les bagages du photographe.

Il arrivera quelquefois qu'un négatif sur papier égalera en finesse les négatifs sur verre; mais déjà une épreuve moyenne surpasse le fini du crayon et du burin. Ici les procédés ne sont pas en cause : nous n'avons à juger que les œuvres exposées et leur supériorité relative. Néanmoins, les détails très-succints qui précèdent étaient nécessaires à l'examen des ouvrages les plus remarquables admis à l'exposition.

Chacun des arts a un domaine qui lui est propre, une sorte de caractère exclusif qui fait son essence. Ainsi, la peinture sur verre a surtout pour objet le plus vif éclat auquel puisse atteindre le brillant des couleurs. Peu importe la pensée ou le sujet d'une verrière; il s'agit d'abord de la puissance et du triomphe de la couleur transparente aux rayons du soleil. La peinture murale de nos monuments religieux est essentiellement destinée à la propagation des idées chrétiennes; ici, le sujet, la pensée, dominent toute autre considération : l'ampleur des formes et des draperies, la sobriété des détails, la simplicité dans l'exécution, subordonnent la peinture à la pensée. Au contraire, pour les ouvrages exposés dans nos Musées, la belle exécution est la question principale. Il en est ainsi de chacun des autres arts : quoique solidaires en certains points, chacun a un caractère qui lui est plus exclusivement réservé.

Appliquant ce principe à la photographie, nous dirons avec conviction et même avec certitude que son caractère essentiel est l'extrême finesse. Le champ de la photographie commence où finit celui du crayon et du burin. De ceci l'on peut tirer une règle pour la dimension des épreuves, qui ne doivent pas excéder certaines limites, sous peine d'entrer dans un domaine qui ne leur appartient pas et où elles rencontreraient la main rivale des maîtres. Un photographe qui, sous prétexte de se rapprocher des œuvres d'un autre art, néglige la finesse, n'est pas dans le vrai : il sort du principe et s'égare.

En photographie, la perfection est, on ne saurait assez le répéter, dans l'extrême netteté, jointe bien entendu à la rectitude des lignes et à la juste valeur des lumières; mais il ne faudrait pas inférer de ceci que le sentiment de l'artiste est étranger à la réussite d'une œuvre photographique. Le choix d'un point de vue, de l'heure précise où ce point de vue est le mieux éclairé, la pose d'un modèle vivant, la détermination des ombres d'une statue, exigent le coup d'œil et le sentiment de l'artiste, et l'on peut reconnaître aisément une épreuve faite par un homme qui a pratiqué les beaux-arts ou qui est doué de dispositions naturelles.

Le baron Gros s'est acquis, dans le daguerréotype, une réputation qu'il pourrait ne devoir qu'à la peinture, s'il eût consenti à exposer ses belles et nombreuses études peintes, rapportées des Cordillères, du Mexique et d'Athènes, où l'avaient appelé ses fonctions dans la diplomatie.

M. Baldus a fait ses preuves comme peintre d'histoire. Je connais de M. Bayard certains paysages qui font penser à Ruysdael. MM. Lesecq, Nègre et Adrien Tournachon sont d'habiles peintres. M. Paul Perrier est un photographe trop habile et trop artiste pour n'avoir pas été doué des plus heureuses dispositions qu'il a montrées comme amateur éclairé de peinture.

En résumé, y compris Daguerre, les artistes ont beaucoup plus coopéré que les physiciens ou les chimistes, et surtout que les mathématiciens, à l'invention et aux perfectionnements des procédés photographiques : d'où l'on pourrait conclure que la photographie est du domaine de l'art plutôt que de la science ou de l'industrie. Etant essentiellement un art d'imitation, elle pourrait, à ce titre, réclamer une place parmi les arts d'imitation, aussi bien que la lithographie et les divers genres de gravure. Ceci n'a pas été admis; il faut toujours, même en fait d'art, un peu de temps pour la naturalisation d'un étranger; il faut aussi réserver quelque chose au progrès: plus tard, cela se fera.

Les épreuves exposées présentent une singularité que le public ne s'explique pas : les unes sont d'un roux ferrugineux; les autres sont noires; d'autres, enfin, d'un ton sépia de Rome ou raisin de Corinthe assez agréable. Cette variété de tons révèle un état de l'art, et accuse une incertitude dans les recherches qui mérite d'être expliquée. On s'est aperçu, depuis quelque temps, d'un effet désastreux produit parmi les collections de photographies : les unes se conservent dans toute leur netteté, avec leur vigueur primitive; les autres se détruisent lentement, finissent même par disparaître, et cela sans qu'on puisse l'attribuer à l'action de la lumière : le fait a lieu dans les cartons les mieux fermés. On a vu s'effacer ainsi les portraits de personnes chéries qui étaient destinés à être transmis à leur postérité. De vrais chefs-d'œuvre ont commencé à jaunir, à pâlir, et se sont enfin évanouis entre les mains de leurs possesseurs; et, chose singulière! des épreuves faites sur des fragments de la même feuille préparée, ont quelquefois une destinée toute différente : l'une se perd, l'autre se conserve. Grande rumeur parmi les acheteurs, plus grande encore parmi les photographes. Les uns ont accusé l'ancienneté des solutions d'hyposulfite, l'hyposulfite ancien a été aussitôt abandonné. De là les épreuves roux-ferrugineuses qui sont produites par le bain d'hyposulfite neuf : telles sont celles de M. Olympe Aguado, Lesecq, et un peu celles du marquis de Béranger. Ces épreuves passent pour très-solides. Les autres ont pensé avec raison que si l'action de l'hyposulfite, vieux ou neuf, a trop duré et que l'épreuve sorte du bain avec les tons du noir normal dans les ombres, la solidité est compromise ; le jaune survient bientôt, d'abord dans les demi-teintes, puis il envahit graduellement toute l'épreuve, et lorsque les noirs deviennent jaunes, tous les détails délicats ont disparu : l'épreuve est perdue. L'essentiel est de ne pas arriver au noir normal; les tons raisin de Corinthe sont solides et très-beaux. Voici comment se passe le phénomène de la fixation : cette explication technique est encore nécessaire. L'épreuve positive, en sortant du châssis qui l'a présentée à la lumière, est de beaucoup plus sombre et plus vigoureuse qu'elle ne le sera en sortant du bain fixateur d'hyposulfite. A peine y est-elle plongée, qu'elle s'éclaircit et change de ton : elle devient d'abord généralement rousse; elle passe au brun, puis au violâtre sombre, et enfin au noir, mais toujours en se dépouillant peu à peu de son excès de vigueur. Il s'agit de s'arrêter au point qui réunit 1º la fixation, c'est-à-dire l'inaltérabilité à la lumière; 2º la beauté du ton; et enfin, 3º la durée, ou la résistance à toute destruction spontanée. Ce point est le ton corinthien ou carmélite des belles épreuves de MM. Bayard, Martens, Renard, Fortier, Bisson, Baldus, etc. Ceux qui, attribuant au vieil hyposulfite la destruction de leurs épreuves, emploient l'hyposulfite neuf, rencontrent les plus grandes difficultés à obtenir un beau ton; ils restent dans le roux ferrugineux, qu'ils déclarent être le plus solide. Tout le secret réside probablement dans les procédés au moyen desquels on devrait purger l'épreuve de l'hyposulfite, qui, en la fixant d'abord, continue son action et finit par la détruire. Ne pas attendre la nuance noire, laver, comprimer, exprimer, relaver fréquemment et longuement : tel est le moyen; telle est aussi la question du jour, tant en France qu'en Angleterre.

Parmi les noms des exposants, je place avant tout autre celui de M. Bayard, parce qu'il est le plus ancien photographe français, et que ses recherches et ses découvertes sont antérieures à la publication des procédés de Daguerre; les épreuves qu'il a exposées sont aussi du premier mérite. Une expérience très-simple a révélé en M. Bayard les premières inspirations de la photographie. Son père, juge de paix à Breteuil, cultivait les pêches, comme il convient à un juge de paix. Aux approches de la maturité, dans le moment où le fruit, très-développé, n'a pas encore reçu ses teintes vermeilles, M. Bayard père découpait dans un papier noir son chiffre ou celui d'un ami, et, masquant la pêche avec ce négatif, laissait faire le soleil. Le fruit mûrissant accusait bientôt en teintes pourprées et positives le chiffre découpé, et finalement l'horticulteur envoyait à ses amis ou leur servait ses pêches portant des dessins nuancés par l'astre du jour.

Nourri de ses premiers essais, M. Bayard, dont le père n'est plus désormais en cause, avait tiré d'une autre observation, que chacun a pu faire, des conséquences très-ingénieuses. Il avait remarqué que certains papiers de couleur, dont sa sœur faisait des fleurs, étaient décolorés dans une matinée par l'action du soleil, et qu'une feuille à moité découverte était devenue, par exemple, mi-partie blanche et rose. Etudiant à Paris, l'idée lui vint, dans sa mansarde, d'exposer au foyer d'une chambre obscure une feuille de papier coloré des teintes végétales les plus fugitives, et d'obtenir ainsi la silhouette des cheminées, lucarnes, girouettes, paratonnerres et autres vulgarités ou singularités qui découpaient son horizon.

La réussite n'eut lieu que très-faiblement et après

plusieurs jours de pose. Un médecin, à qui il confia la chose, parla des propriétés du chlorure d'argent ; dès lors les expériences sérieuses commencèrent, et le jeune photographe possédait de magnifiques reproductions de bustes, de statues, etc., quand on commença à parler dubitativement de la découverte de Daguerre ; enfin, lorsque MM. Arago et Biot furent chargés par l'Académie du rapport sur l'invention de M. Daguerre, M. Bayard porta ses épreuves à un de leurs amis, qui en fut très-étonné et un peu contrarié.

On engagea le jeune homme à se tenir tranquille ; on lui dit que son tour viendrait, que l'intervention d'un nouveau procédé nuirait à la révélation d'une glorieuse découverte, etc., etc. Il se tint tranquille, et fut mélancoliquement témoin des récompenses et des éloges dont MM. Daguerre et Niepce furent honorés. Plus tard, l'Académie des beaux-arts montra l'intérêt qu'on lui portait, en demandant au retardataire de dire et d'exposer ses procédés. M. Raoul Rochette, chargé du rapport par la commission nommée à cet effet, rendit un compte très-favorable qui fut inséré au Moniteur.

M. Bayard ne fait aucun mystère de ses procédés ; il avoue aussi que les belles épreuves en ce moment exposées ont été faites sur glace albuminée, découverte que l'on doit à M. Niepce de Saint-Victor, et il rend hommage à ce perfectionnement dont il s'est servi, ainsi que M. Martens, avec beaucoup de succès.

M. Niepce de St-Victor, neveu de Nicéphore Niepce, le collaborateur de Daguerre, est un chercheur persévérant; il ne se contente pas de chercher, il réussit à trouver. L'emploi de l'albumine sur glace et l'invention de la gravure héliographique, dont l'idée première, cependant, remonte à Nicéphore, son oncle, de fort belles expériences sur l'iode et ses diverses propriétés, sont des titres très-sérieux à la reconnaissance des artistes.

M. Niepce a travaillé avec une persévérance digne des plus grands éloges à l'obtention des couleurs par la photographie. Ses travaux, liés à ceux que M. Edmond Becquerel avait entrepris, ont été poussés fort loin; il y a eu réussite, mais non fixation. M. Niepce, qui est militaire, a dédaigné la pratique de l'art qui lui devait tant de recherches et de perfectionnements : il n'expose qu'un papillon de nuit et une petite image, tout ce qu'il en faut pour dire *présent* à l'appel des noms les plus glorieux de l'exposition universelle.

M. Bisson, qui a été quelque temps un infortuné photographe, a toujours été des plus ingénieux, des plus ardents et des plus infatigables; il a obtenu enfin la récompense de ses longs travaux. La magnifique vue du Pont-Neuf, prise de quelque point élevé du Louvre, le place au premier rang. La vue de la bibliothèque du Louvre est plus fine de rendu, mais elle offrait beaucoup moins de difficultés. L'action du vent sur les grands appareils placés à une certaine hauteur, quelle que soit la mise au point, peut produire une faible incertitude dans la netteté, et il faudrait être bien difficile pour trouver trace de ce mécompte dans la belle vue du Pont-Neuf de MM. Bisson frères. Cette épreuve, en deux parties, large de 1^{m}25, est non-seulement un chef-d'œuvre, mais elle représente un des plus beaux points de vue, le plus beau, je crois, qui se puisse voir parmi les capitales du globe terrestre.

La grande dimension d'une épreuve n'est pas une chose indifférente : elle exige des appareils rares et coûteux et une manipulation très-difficile ; plus la surface est grande, et plus elle prête aux accidents. MM. Bisson frères font leurs négatifs sur glace et au collodion ; il leur a fallu donner à cette substance, qui sèche rapidement et perd sa sensibilité en quelques minutes, des propriétés nouvelles, et prolonger, par un bain d'une nature particulière, l'humidité et la sensibilité de l'excipient. De toutes les expériences qui ont été faites à ma connaissance pour obtenir ce résultat, une solution faible de nitrate d'argent et de miel a le mieux réussi.

En fait de grandes épreuves, une vue de M. Baldus, représentant le pavillon du Louvre dit de Henri IV, dépassait en étendue celle que MM. Bisson frères avaient exposée de ce monument ; mais une place restait vide, et tout à coup on y vit apparaître une vue du même pavillon, ayant un mètre de hauteur sur 77 centimètres de largeur, exposée par MM. Bisson frères, de sorte que, sous le rapport de la grandeur, la victoire est restée jusqu'à présent à ceux-ci.

Les Arènes de Nîmes, et le lac, de M. Baldus, sont des chefs-d'œuvre de dimension et de réussite; mais certaines vues de villages enfouis dans les forêts et les rochers, baignés par les eaux de sources, quoique de moindre grandeur, nous plaisent davantage. M. Baldus, qui est très-habile à tirer des positifs, a montré dans cette épreuve la nuance juste qu'il faut atteindre, aussi bien que M. Bayard, pour arriver à la conservation des épreuves sans nuire à la beauté du ton.

M. Thompson, l'habile portraitiste, a exposé une tête d'homme, portrait de grandeur naturelle. Cette dimension est de celles que nous avons signalées comme ayant l'inconvénient de se rencontrer sans succès avec les ouvrages produits par la main des hommes. Le portrait d'homme de M. Thompson et celui de femme par M. Bingham, dus au même appareil, prouvent ce que nous avons avancé sur les trop grandes épreuves. MM. Geroldwohl et Tanner, qui ont exposé un portrait de grandeur naturelle, ainsi qu'un buste d'Apollon du Belvèdère, sont dans le même cas. Ils ont à lutter contre les œuvres du domaine de l'homme, qui, lui aussi, est doué d'un objectif puissant et intelligent. La couleur, le feu sacré, la poésie individuelle, ajoutent à l'œuvre des maîtres un charme que la *camera obscura* ne saurait atteindre ; ses fonctions, je le répète, ne commencent que là où finissent celles du crayon, du burin ou du pinceau. Rendons grâces, néanmoins, aux hardis photographes qui ont courageusement tenté l'entreprise. Il a fallu, dit-on, à MM. Thompson et Bingham un objectif à verres combinés de 38 centimètres de diamètre. Le foyer est de trois mètres et demi ; de sorte que, pour être rendu de grandeur naturelle, le modèle doit être placé à 7 mètres du plan où se forme l'image. Ce gigantesque instrument pourrait bien avoir quelque rapport avec une pièce de siége destinée à lancer des bombes.

M. Martens a exposé une vue du Mont-Blanc, des mers de glace et des cimes qui couronnent la vallée de Chamouny : il eût pu la placer parmi les aquarelles et dessins de l'exposition de l'avenue Montaigne. Certainement ce dessin ne pouvait exister sans la photographie ; mais cette photographie n'existerait pas sans un dessinateur, sans un long travail de retouches au pinceau et à l'encre de Chine. Voilà un produit hybride qui échappe aux classifications et aux catégories, mais qui n'est pas moins très-curieux. Revenons donc aux œuvres normales, et saluons les *trop grandes* épreuves avec le respect dû aux tentatives coûteuses quoique stériles.

J'ai cité M. Lesecq à propos des tons roux-ferrugineux. Si j'observais un ordre suivant le mérite des artistes, j'aurais depuis longtemps donné place à cet exposant modeste, qui s'est contenté d'envoyer un petit nombre de ses beaux et nombreux ouvrages; j'aurais déjà mentionné ses vues de cathédrales, celles surtout de Rheims, Chartres, Strasbourg, avec leurs mille détails pris à part; ses châteaux ruinés des Vosges, au milieu de broussailles inaccessibles; ses paysages faits soit en Champagne, soit à Fontainebleau, soit sur les bords du Rhin. M. Lesecq pourrait à lui seul recouvrir de ses œuvres une surface égale à celle qui a été consacrée à la photographie française dans le palais de l'industrie. L'un de ses cadres renferme une collection de bas-reliefs byzantins appartenant au graveur en médailles M. Depaulis; je les signale à propos du ton roux-ferrugineux qui se trouve d'un effet très-heureux ici par son appropriation à ce genre de reliefs vigoureusement enlevés sur fond blanc. En employant la même teinte pour rendre l'effet d'un bas-relief en terre cuite, M. Bayard a réussi également, comme on peut le voir parmi ses œuvres exposées.

Pour la finesse, le moelleux, je dirais volontiers le parfait, on doit citer M. Fortier, dont la vue de Saint-Etienne-du-Mont, qui occupe une assez mauvaise place, mérite une des premières, la première peut-être. M. Renard est digne aussi des plus grands éloges.

Les pièces remarquables exposées par M. Adrien Tournachon révèlent un artiste. Quelques portraits d'un grand effet, celui de M. Dantan, par exemple, sont en même temps d'un fini et d'une exécution irréprochables. La collection des mines les plus drolatiques du fils de Debureau — bonne trouvaille ! — ne pouvait réussir à ce point qu'entre d'habiles mains.

Chacun trouve à la photographie de nouvelles applications : l'un indique l'ethnologie, l'autre l'entomologie; ici les infusoires microscopiques, là les signalements de condamnés. J'abrége. M. Adrien Tournachon, en exposant une modeste effigie de brebis à longue laine, prise à la bergerie de Rambouillet, fait penser à l'agriculture. On peut y voir un indice, et, dussé-je être indiscret, je dirai que cet indice révèle un projet sérieusement utile, qui est en cours d'exécution. Sans expliquer toute la portée de cette œuvre, j'ajouterai que, sous la haute direction d'un homme éclairé sur les vrais intérêts de son pays, M. Adrien Tournachon reproduit avec un talent hors ligne les plus beaux types de bestiaux qu'on puisse offrir pour modèles aux agriculteurs: taureaux et vaches de Durham, de Devon, d'Ayr, d'Héréford, de la race bretonne, etc. J'ai vu ces belles épreuves et, par conséquent, j'ai vu souffler et vivre dans leurs pâturages ces beaux animaux.

La photographie aura son histoire, où les faits inaperçus du présent seront inscrits par de minutieux commentateurs. On citera les noms d'hommes éminents qui ont accueilli l'art nouveau, et lui ont consacré non quelques sommes et quelques heures, mais leur fortune et leurs journées.

Parmi les beaux hôtels de la place Vendôme, il en est un dont le vaste escalier, revêtu des plus moelleux tapis, conduit, par une pente douce ornée d'arbustes en fleurs et d'énormes vases chinois et japonais, jusqu'à l'atelier de photographie. On décrira cet atelier, où les appareils sont modifiés et renouvelés à mesure que l'expérience indique un perfectionnement. On ne sent là ni l'influence du luxe, ni la prodigalité, mais bien une intelligence d'élite et des moyens puissants. Pour ne pas sortir de notre sujet, examinons à l'exposition universelle les ouvrages exposés par M. le comte O. Aguado, qui, ayant compris toute l'importance des clichés sur papier, s'est appliqué à en perfectionner l'emploi. M. Aguado préfère le papier de Saxe; M. Baldus, celui de la fabrique de M. Blanchet; et M. Vigier, le papier anglais de Wathmann. Les uns et les autres ont recours au papier Canson, qui donne de très-beaux résultats, quand leur papier de prédilection vient à manquer. Les expéditions lointaines et nombre d'études importantes n'admettant pas l'emploi de la glace, *un beau cliché sur papier mérite plus d'encou-*

ragements que des chefs-d'œuvre sur verre; par conséquent, les récompenses du jury ne devraient être décernées que sur la présentation des clichés. Les paysages exposés par M. Aguado au Palais de l'Industrie proviennent de négatifs sur papier. Toute description de sujets nous paraît oiseuse : ces chênes séculaires, ces avenues, ces clairières, ces attelages de bœufs, etc., etc., le visiteur les a admirés, ou les admirera, après toutefois avoir porté ses regards sur un charmant portrait de femme qui occupe le centre du tableau : c'est l'impératrice elle-même. Au point de vue de l'art, nous signalerons dans le cadre de M. Aguado une reproduction au moyen de la photographie d'une gravure flamande. Cette épreuve d'un beau noir a été fixée il y a quatre ans, et sa conservation est parfaite. J'en tirerai une conséquence : c'est que toute la question de conservation des épreuves réside dans les lavages réitérés. D'après ce que nous avons dit précédemment, avec de moindres lavages, cette épreuve eût été détruite comme tant d'autres du même ton, je pourrais ajouter du même laboratoire; car personne n'a été exempté du fléau. Ce spécimen est le seul qui ait été exposé d'une nombreuse collection où figurent la plupart des belles gravures exécutées d'après les tableaux de la galerie du marquis de Las Marismas; il prouve la portée de vues qui a présidé au choix de l'habile exposant.

A certaines gravures d'un aspect monotone,

M. O. Aguado sait au besoin donner un effet et des partis pris de lumière que reproduit la photographie. Ce moyen peut être d'un grand secours aux graveurs qui, ayant terminé une planche, veulent, de concert avec l'auteur du modèle, ajouter de l'éclat à leur œuvre. Voici en quoi il consiste : pendant que la reproduction s'opère à la chambre noire, sur glace, l'original, étant à l'abri du soleil, reçoit, au moyen d'un petit miroir que manie l'artiste, la lumière réfléchie du soleil, dont il se sert comme d'un pinceau pour éclairer les parties les plus importantes du sujet. L'épreuve photographique rend parfaitement les modifications et l'effet lumineux qui résultent de cette opération : une telle épreuve peut servir de renseignements ou même de guide pour les travaux ultérieurs, et nous ne doutons pas que les graveurs et les artistes ne soient très-reconnaissants à M. O. Aguado de son ingénieux procédé.

M. le marquis de Bérenger a exposé une belle collection de paysages et un fort remarquable spécimen de gravure; il se rend digne d'être l'émule de M. le comte Olympe Aguado.

M. Giroux, très-habile paysagiste, a pensé avec raison que la photographie n'était pas un art qu'on eût le droit de dédaigner, et il y a puisé d'utiles enseignements, comme le témoignent un certain nombre de belles épreuves exposées par lui.

On doit des témoignages de gratitude toute particulière aux artistes photographes qui ne craignent pas les fatigues de longs et pénibles pélerinages aux ruines des temples de l'antiquité. M. Piot est de ce nombre. Il a exposé vingt-huit épreuves d'un très-beau ton, représentant les temples d'Agrigente, Ségeste, Pœstum, de l'acropole d'Athènes, etc. Nous avons retrouvé, parmi ces vues si intéressantes, les ruines du Pandrosium, autrefois adossé au temple de Minerve Poliade et de Neptune. A travers les intervalles des cariatides qui portent l'entablement de ce petit monument dédié à la nymphe Pandrose, l'olivier sacré donné par Minerve aux Athéniens et planté dans le temple, étendait au loin ses rameaux. Hélas! l'olivier a disparu; le temple de Minerve s'est écroulé; mais le Pandrosium existe encore, d'abord sur l'acropole d'Athènes, puis au palais de l'exposition, grâce à M. Piot, que l'Italie, la Sicile, la Grèce, ont heureusement inspiré.

Nous avons admiré, parmi les ouvrages de M. Paul Perrier, quelques scènes de famille composées avec talent et d'un fini parfait. Nous ne décrirons pas les charmants portraits que contient son cadre; mais il en est un que nous devons citer comme une rare exception aux principes de finesse et de netteté que nous avons posés dans les préliminaires de ce chapitre. Ce portrait, largement estompé, représente un homme à moustache noire et à cheveux blancs d'une excellente expression, que M. Adrien Tournachon doit envier à M. Paul Perrier. Quelle importance magnifique! Est-ce un généralissime? Est-ce un haut dignitaire de quelque empire lointain? Serait-ce l'un et l'autre? C'est assurément une œuvre d'art fort originale et exceptionnelle.

Ne suivant d'autre direction que celle des premières impressions du promeneur, je citerai, parmi les portraitistes de mérite, M. Danguy, qui a exposé une petite collection de six portraits, dont un à barbe griffonne, très-remarquable de finesse.

M. Vaillat, un des derniers représentants de la plaque daguerrienne, produit encore des ouvrages dignes des beaux cadres dont les Américains avaient envoyé une immense collection à l'exposition universelle de Londres. En si peu de temps, quel changement! La plaque, si ce n'étaient MM. Vaillat, Sabatier et Millet, semblerait ne plus exister. Nous voudrions nous abstenir de critique ; et cependant comment ne pas blâmer le nom d'émail donné par M. Millet à un vernis résineux, parce qu'il a été passé au four?

M. Plumier, en suivant un ordre ascendant, a exposé quelques beaux portraits dignes de sa réputation, et il a eu le bon goût de mettre près de l'épreuve coloriée l'épreuve en noir, qui est toujours préférable lorsqu'elle est sans retouche. Nous n'appelons pas retouche le rebouchage des points. Ces quelques mots renferment tout un chapitre. Il faut s'entendre sur les mots *rebouchage* et *retouche*.

Enfin, et comme couronnement de l'œuvre, disons que le portrait de l'Empereur debout en habit noir, par M. Mayer, est plein de vie, d'expression, de mouvement : il dépasse tellement en réussite tout ce qu'a exposé ce photographe-portraitiste, qu'on est tenté d'y voir un effet de magnétisme. Il y a dans cette épreuve, d'une juste dimension, une sorte d'atmosphère lumineuse des grands salons, dont on sent l'étendue : l'air se devine et entoure le personnage qui s'avance : la bouche va s'ouvrir, les yeux l'expriment, pour une bonne nouvelle.

M. Disderi est né à Paris, malgré son nom italien. Il a exposé de grands et beaux portraits : ce sont des positifs directs, mais, comme tous les essais de ce genre, un peu sombres et très-harmonieux. Il n'est pas sans intérêt d'expliquer ce que sont les positifs obtenus directement. Généralement les épreuves sur verre sont des clichés ou négatifs destinés à reproduire les épreuves positives; les clichés sont noirs dans les lumières et clairs dans les ombres, de façon à former par la transparence, sur une surface impressionnable à la lumière, des ombres et des lumières selon la nature. Mais on peut, soit sur collodion, soit sur albumine, faire apparaître sans inversion les formes du modèle, de manière qu'en plaçant derrière l'épreuve un velours ou un vernis noir, elle paraît ce qu'elle doit être : elle est positive. Le moyen d'arriver à ce résultat est assez simple : il s'agit d'opérer en un temps très-court, sur une surface très-mince. Toute épreuve, avant de devenir négative, est d'abord positive. Mais M. Disderi, qui compose lui-même d'excellent collodion, fait passer l'épreuve du négatif au positif dans un bain de cyanure de potassium, après avoir fait apparaître l'image au moyen du protosulfate de fer. En employant le cyanure d'argent au lieu du cyanure de potassium, les blancs seraient plus purs.

La glace sur laquelle on a opéré porte l'image, la recouvre et la protége, comme la glace d'une gravure. Je signalerai une pièce ovale où M. Disderi a fixé, en un temps qui ne pouvait être mesuré, tout le mouvement des boulevards, un jour de fête. Les figures vont et viennent, traversent en courant l'espace sillonné de voitures; les voitures roulent, les chevaux lèvent les pieds, marchent et trottent; rien n'est incertain, parce que l'instrument, au moyen d'une détente, a opéré avec la rapidité du coup-d'œil. Les portraits exposés par M. Disderi sont d'une telle dimension que son appareil devait rivaliser de volume et de puissance avec les plus grands. Sur quelques informations prises à ce sujet, le prix de cet appareil était de 22,000 francs.

Les premiers essais, bien réussis, d'épreuves directes ont été envoyés de Limoges à Paris, il y a quatre ans, par M. Lemoine, ingénieur, qui employait l'albumine précipitée par l'acide acétique, puis mêlée de sucre et, après avoir été appliquée au verre, traitée par l'iode avant le bain de nitrate d'argent.

M. Martin, de Versailles, obtint dans ce temps-là les mêmes résultats, mais sur collodion, et avec des procédés différents.

Les positifs directs sont des produits uniques, mais stériles, comme serait un daguerréotype sur plaque, une planche gravée et niellée : ce sont des mères sans postérité. Quelque intéressantes que soient les œuvres du Florentin Mazo Finiguerra, nous leur préférons les gravures fécondes de Jean Duvet, de Marc-Antoine Raimondi et de leurs nombreux successurs.

Marc-Antoine! ce nom est lié désormais à son habile reproducteur en photographie, M. Delessert. Les plus belles gravures de l'élève de Raphaël, dont quelques unes si rares qu'il n'était pas permis de les posséder sans une immense fortune, ont été mises à la portée de tous avec une persévérance et un talent sans égaux. Le panneau qui les renferme est un des plus méritants du canton photographique. Les voyages en Angleterre, où sont les plus belles épreuves, les essais nombreux des divers moyens de reproduction, ont coûté des années, sans parler des sacrifices d'argent, à cet intelligent amateur.

GRAVURE HÉLIOGRAPHIQUE. — On confond assez

généralement la reproduction des gravures par le moyen de la photographie, avec la gravure héliographique. Celle-ci, d'origine toute récente, est une vraie gravure sur acier, obtenue par les procédés dont M. Niepce de Saint-Victor est le principal auteur. Au lieu de clichés négatifs avec lesquels on tire des positifs, ce sont de belles et bonnes planches d'acier qui s'impriment chez Chardon, si l'on veut, avec le noir d'imprimerie. De tout ce qu'a exposé M. Delessert, une seule épreuve, l'*Annonciation* d'Albert Durer, a été faite sur acier : les autres, les *Marc Antoine*, sont des positifs obtenus au moyen de clichés sur papier. La gravure sur acier de M. Delessert est une reproduction identique, une vraie réimpression en creux de l'épreuve primitive ; la réussite est telle, que l'on préférerait volontiers à l'original les copies qui en sortent, plus fermes et tout aussi complètes. M. Baldus a obtenu aussi de grands succès dans la gravure héliographique ; il a exposé deux bas-reliefs et deux vases gravés qu'on peut confondre avec les originaux.

Je ne puis entrer dans l'exposé détaillé de la gravure héliographique. Qu'il me soit permis de dire, cependant, qu'un positif de la gravure à reproduire est appliqué sur la planche d'acier recouverte d'un léger bitume qui se durcit à la lumière, de manière à laisser mordre l'acide sur les hachures à travers lesquelles n'ont pas pénétré les rayons lumineux. M. Bayard a réussi en exposant l'original à reproduire aux vapeurs de l'iode, dont M. Niepce de Saint-Victor avait constaté les dispositions à se porter sur les noirs. La planche d'acier, traitée par le bitume de Judée, se prête aux acides partout où a lieu le contact de l'iode. M. Nicéphore Niepce ayant découvert les propriétés héliographiques du bitume de Judée, les noms de l'oncle et du neveu sont attachés à cette découverte.

M. Nègre a exposé aussi de beaux essais, mais avec un perfectionnement singulier. Au lieu de reproduire des gravures anciennes à tailles vigoureuses et prononcées, il grave sur acier des épreuves photographiques au moyen de la lumière : le Portail de Sainte-Trophime, d'Arles, autant que la distance nous a permis d'en juger, nous semble remarquablement réussi. On nous parle d'une petite pièce qui représente un jeune ouvrier couvreur saisi parmi les travaux de son état : elle se trouve dans le cadre qui renferme la collection des gravures héliographiques de M. Nègre. Nous regrettons de n'avoir pas vu ce petit chef-d'œuvre ; on ne saurait tout voir.

Enfin, nous arrivons à M. Riffaut, qui a l'avantage d'être en rapport avec M. Niepce et de travailler sous sa direction, mais qui a le défaut d'être graveur, ce qui veut dire enclin à la retouche. Le burin lui donne des démangeaisons qu'il calme soit sur un portrait, soit sur les cornes d'un yac importé de

Chine, et dessiné par Mlle Rosa Bonheur, soit sur toute autre planche d'acier gravée héliographiquement.

Nous voudrions expliquer avec assez de force et de manière à porter la conviction dans tous les asiles de la photographie, que le principal mérite des productions de cet art est la véracité, la sincérité. Une photographie sans retouche est un compte rendu sans mensonge. Eh bien! toute retouche, fût-elle exacte, éveille le soupçon, l'incertitude, et produit l'incrédulité. Personne, du reste, n'a exécuté de plus beaux ouvrages sans retouches que M. Riffaut; ses collections d'histoire naturelle sont de parfaites gravures : les deux lézards, le polype, les scarabées, coquillages, crabes, tapir, tortue, méritent les plus grands encouragements. Ces éloges doivent être partagés par M. Rousseau, qui a eu l'initiative de ces travaux.

M. Rousseau s'occupe aujourd'hui de l'application d'un nouveau procédé de gravure importé de Chartres. La planche est de laiton, exposée d'abord aux vapeurs de l'iode, ensuite à la lumière sous un positif; l'image s'y produit par les modifications que subit l'iode sous l'influence des rayons lumineux. A cette opération succède une application de mercure par frottement au moyen d'un tampon. Le mercure ne s'attachant qu'aux endroits altérés par la lumière, on fait mordre avec un acide qui attaque le laiton sans altérer le mercure; aucun métal, aucun mélange de métaux ne peut remplacer le laiton. Déjà des résultats très-remarquables ont été obtenus; les essais continuent ainsi que les progrès.

Enfin M. Talbot a publié un procédé de gravure d'un autre genre : sur une planche d'acier est étendue une couche de gélatine mélangée d'une dissolution de bichromate de potasse; lorsque la lumière a modifié cette préparation, la planche est soumise à l'action d'un sel de platine. Ce procédé n'a encore rien produit de remarquable à notre connaissance, sinon des silhouettes tranchées sans délicatesse dans les demi-teintes, comme on a pu le voir sur quelques épreuves que fit à Montmartre M. Talbot, lorsqu'il traversa Paris dernièrement à son retour d'Italie.

M. le commandant du Louvre Niepce de St-Victor est pénétré de cette idée : que les épreuves photographiques n'ont que peu de temps à vivre, et que les plus solides, les mieux lavées, ne dureront pas cinquante ans. Partant de cette prévision, il dirige toutes ses recherches du côté de la *production directe de l'image sur acier et de la gravure comme opération subséquente*. Déjà le 25 juin dernier il a obtenu une réussite complète en gravant sans retouche une vue de l'abside du temple protestant qui se voit des fenêtres du Louvre. Ce petit essai est aussi fin, aussi modelé et aussi délicat que des essais sur plaque de Daguerre. L'épreuve est faite sur acier, dans la chambre noire, au moyen d'un vernis de bitume et de benzine; partout où la lumière agit, le vernis sèche et devient impénétrable à l'acide; au contraire, à la place des ombres, il est comme pulvérulent et séreux. L'acide agit et grave d'autant plus profondément que la lumière a été moins active.

M. Niepce se propose d'exposer bientôt quelque épreuve due à ce nouveau procédé.

Où s'arrêtera cette série d'expériences et de découvertes? Qui le sait? On peut prévoir, néanmoins, que prochainement l'héliographie entrera dans une phase nouvelle; que, par suite du progrès, la planche d'acier, recevant l'image immédiatement dans la chambre obscure, produira comme un négatif, sans autre recours aux rayons lumineux, des épreuves parfaites qui seront imprimées d'une manière indélébile. Il en sera de même de la lithographie, ainsi que peuvent le faire espérer les beaux essais de MM. Lerebours et Lemercier.

Mais la carrière est ouverte, les coureurs se sont élancés dans l'arène : inutile de leur indiquer la route à parcourir. Qui sait aussi quel rôle vont jouer, à la suite de cette merveilleuse exposition, les métaux abondants et précieux, l'aluminium, le sodium, etc., dont la découverte sera une des gloires de la science et du siècle où nous vivons!

CHAPITRE II.

Suite des photographes français; — photographes prussiens, autrichiens, vénitiens, américains, suisses, portugais, florentins, valaques, grecs, bavarois.

En exposant à part la peinture et la sculpture des artistes de toutes les nations dans un palais réservé aux beaux-arts, on a facilité la comparaison, qui engendre le progrès : de cette réunion d'œuvres analogues et diverses résulte une harmonie d'ensemble et un merveilleux spectacle. Il eût été difficile peut-être, mais fort désirable, dans une exposition universelle, de prendre à part certaines industries appartenant à divers pays et de les grouper en exhibitions spéciales, où le rapprochement, la juxtaposition, eussent produit cette harmonie, cette richesse d'aspect et surtout cette aisance d'examen dont on est réjoui à l'exposition de l'Avenue de Montaigne. Le vœu que déjà nous formions à Londres, au palais de cristal, n'a été exaucé à Paris qu'en ce qui concerne l'agriculture et les machines agricoles.

La photographie, l'art céramique, les bronzes, l'orfévrerie, qui appartiennent aux beaux-arts souvent plus qu'à l'industrie, auraient gagné à être cantonnés dans de vastes espaces. Quel beau spectacle eussent offert ces groupes, d'un aspect éblouissant ou sévère, et comme l'étude en eût été inspiratrice et fertile !

Il est à craindre que bientôt les mille détours de cette vaste cité d'exposants, qui se complète de jour en jour, ne forment un réseau dont le développement soit hors de proportion avec les forces du jarret humain, et que la route à parcourir pour tout voir ne soit de celles qu'on n'entreprend qu'en waggon : chacun alors reconnaîtra qu'il doit s'en tenir à ce qui fait l'objet de ses goûts où de son industrie. Prétendre tout voir, c'est risquer de trop embrasser et de ne rien étreindre. Chacun alors aura un travail de sélection à faire, un itinéraire à dresser; peut-être qu'encore se fera sentir plus vivement le besoin des cantons de produits similaires.

Pour réunir en faisceau les rameaux disséminés de l'art héliographique, nous avons parcouru les vastes espaces, les places, les rues, les ruelles, les impasses, les pavillons et les magasins de cette immense capitale des nations industrielles, et nous ne sommes pas sûr d'avoir tout vu.

Rendons grâce au hasard heureux qui a dirigé nos pas dans un des couloirs enveloppant la rotonde du Panorama. Parmi les dessins de fabrique, nous avons découvert un merveilleux filon de richesses photographiques. Jamais mieux qu'ici l'art nouveau n'a montré ce qu'il peut rendre de services à nos manufactures, à nos industries. M. Ad. Braun, dessinateur à Dornach, près Mulhouse (Haut-Rhin), a exposé trente-quatre magnifiques épreuves représentant de belles fleurs groupées par un artiste et choisies par un botaniste d'un goût exquis. Les branches d'arbres en fleurs, les camécérasus, les pommiers, les pruniers, respirent le printemps. Des roses de toutes sortes, telles que la nature les amasse en bouquets de mariée, ou assorties en couronnes, des azalées, des rhododendrons, des pivoines en arbre, chaque fleur à part ; des narcisses, des tulipes mêlées de muguets, éblouissent la vue : leur finesse est telle, que les moindres reflets, les moindres transparences ont été rendues. La fraîcheur même est sensiblement exprimée. Que ceux qui méprisent le dahlia voient la belle épreuve aux dahlias de M. Braun, et s'ils n'aiment pas cette fleur, ils seront obligés d'en admirer l'image. Les négatifs ont été faits avec talent, les positifs sont d'un ton excellent : avec de tels titres, M. Braun entre de droit dans la phalange des photographes renommés.

D'après ce que nous avons dit précédemment, un nouveau devoir est à remplir : il s'agit de diriger la marche du visiteur photographe dans le labyrinthe des industries. Ne quittons pas le rez-de-chaussée : dans l'axe de la grande nef, près de la place occupée par l'*Achille prussien*, qu'on prend pour du bronze, mais qui n'est que du zinc, nous rencontrerons de grands clochetons de grès destinés à la cathédrale de Cologne, et, aux pieds des clochetons, cinq photographies de ce monument, dont une très-grande, ayant près d'un mètre de hauteur, représente un des portails latéraux de cet édifice.

On peut voir, par ces diverses vues du même monument, combien la cathédrale de Cologne diffère, à l'extérieur, des belles cathédrales de France, sous le rapport de l'élégance et de la richesse des ornements. Elle les surpasse, il est vrai, par la grandeur des proportions; mais cette grandeur a eu l'immense inconvénient d'en arrêter la continuation: on n'a pu la finir, et, quoiqu'on y travaille, on ne la finira pas. Puisque l'occasion s'en présente, nous dirons que la France, à elle seule, possède plus de belles cathédrales gothiques que l'Europe tout entière, et que les noms de germanique, de teutonique, donnés à l'architecture ogivale, révèlent de folles prétentions : cette architecture, d'origine orientale, prit naissance en France à la suite des croisades, s'y développa et atteignit une perfection à nulle autre pareille, sans rien emprunter aux nations voisines.

Revenons au photographe de la cathédrale de Cologne, M. Michiels. Nous ne préjugerons rien du négatif de sa grande épreuve, si nous disons que le positif en est faible; certainement il pouvait être meilleur, et il porte tous les signes d'une prochaine destruction. L'art de tirer des épreuves positives est trop négligé, quelques-uns l'ignorent absolument.

Au rez-de-chaussée, dans le grand espace méridional réservé aux produits autrichiens, se trouve un petit chef-lieu de photographie, comprenant Vienne et Venise. Les épreuves du photographe viennois sont placées en arrière d'un étalage de librairie allemande, qui ne permet pas de lire leurs inscriptions trop légères. Nous y avons remarqué le portail de la cathédrale de Milan, des vues de Ravenne, Pavie, Ancône, Pise, Naples, Côme, etc.; mais surtout une vue colossale de deux arcades du grand hôpital de Milan. Ce sont deux fenêtres d'une architecture riche et bien ornée. L'épreuve est d'un grand effet de lumière et d'ombre dans le goût de Piranesi, le négatif ayant trop posé. Elle est presque de la grandeur des pavillons du Louvre de Baldus et des frères Bisson. Nous présumons que l'objectif qui a produit cette pièce remarquable est un objectif de Ross fait en 1850, et qui fut vendu au directeur de l'imprimerie impériale d'Autriche. En tous cas, quoique prise de trop près, la vue du grand hôpital de Milan a été obtenue par un photographe de mérite et un objectif de grande valeur.

Le Dr A. Lorent, Campo Santa Maria Formosa, à Venise, expose un certain nombre de vues prises la plupart dans sa belle et regrettable patrie : le palais ducal, un peu sombre, doit être pris de quelque point du campanile de la place Saint-Marc ou de la Zecca;

une épreuve de détail représente l'angle sculpté du palais ducal, sans doute sur le quai des Esclavons. Deux palais du Grand-Canal nous rappellent les palais Foscari et Justiniani : épreuve faible, dépouillée de demi-teintes, qu'il faut voir de loin, grâce à l'étalage de librairie, et dont il n'y a rien à dire au point de vue du progrès. L'escalier des Géants, vu de la cour, est la meilleure épreuve de cette collection, au milieu de laquelle se trouve une inscription pompeuse en lettres d'or sur bois de chêne, ainsi conçue :

Les négatifs sont faits sur papier ioduré et ciré de la maison Marion, cité Bergère, à Paris. Cela mérite attention : il y a là un châtiment, peut-être deux.

L'exposition américaine est au rez-de-chaussée, dans les mêmes parages, près du grand salon. Elle consiste en plaques daguerriennes, au nombre d'environ 45 ; mais tellement abritées et si miroitantes, qu'on peut les qualifier de totalement invisibles.

Si quelque visiteur étranger à la photographie désire voir un négatif sur verre exposé à sa transparence, ainsi que le positif qui en provient, également sur verre, ces deux spécimens se trouvent à une fenêtre de l'escalier nord-ouest. MM. Soulier et Clausard ont eu l'idée de placer entre deux glaces l'image positive et la négative à laquelle elle doit son existence, et de les exposer simultanément.

L'escalier nord-ouest nous a conduit au premier

étage, où se trouve l'exhibition des phothographies anglaises et nombre de petits apports, accrochés çà et là parmi les nations européennes. Citons, en passant, M. Poncy, à Genève, qui expose cinq pièces ovales dans un seul cadre. Ce sont de jolis portraits dont nous n'eussions pas parlé dans la photographie française. Mentionnons neuf pièces : vues de Suisse, au milieu desquelles un clocher et les détails d'un portail d'église, sans nom d'auteur. — Pardonnez! nous y avons vu, sur un carton fixé au cadre : *Confection helvétique.*

De Portugal, M. Forester envoie une carte des bords du Douro, sur le pourtour de laquelle sont trente-trois vues des sites les plus remarquables du pays. La ville d'Oporto figure au centre; c'est le pays vignoble par excellence pour les Anglais. Il y a aussi un assez grand nombre de figures à costume caractéristique, photographiées sur la même carte.

MM. Alinari frères, à Florence, ont exposé dix-huit très-belles vues de Pise et de Florence. Citons le Campo-Santo, le Baptistère, la tour penchée de Pise, et les portes de Ghiberti, ainsi que la fontaine de Jean de Bologne.

La photographie compte parmi ses plus zélés adeptes M. Charles Szathmari, à Bucharest. Cet artiste a présenté un grand nombre de belles épreuves, parmi lesquelles nous avons distingué Omer-Pacha au milieu de ses aides de camp. La troupe est nombreuse, ils sont au repos en costume bourgeois. Les tailles, les caractères et les types variés de ces hommes résolus forment un tableau très-curieux.

M. Szathmari a eu le bonheur de photographier quelques-uns de ces beaux costumes valaques portés par les plus belles paysannes de la race caucasienne; près de celles-ci, par une opposition heureuse, se trouvent des bohémiens errants, dans un état de misère et de nudité pitoyables. Si, pour un moment, nous nous transportons vis-à-vis des *Bohémiens* de Knaus, le peintre allemand, exposés avenue de Montaigne, nous pouvons reconnaître toute la supériorité de l'intelligence humaine sur la précision photographique.

Les *Bohémiens* de M. Szathmari sont préférables à un grand nombre de sujets du même genre, peints par des artistes de mérite, et ils les réduisent à l'état de médiocrités; mais à son tour, le tableau de M. Knaus démontre l'impossibilité où est la photographie de nuire à la peinture d'un certain ordre, auquel elle n'atteindra jamais. Voilà un des grands services rendus à l'art ancien par l'art nouveau : l'annihilation du médiocre et la glorification du vrai talent.

La Grèce possède aussi des photographes. M. Philippe Margaritès envoie d'Athènes trente-huit vues de la ville aux grands souvenirs. Parmi ces très-belles épreuves, nous avons remarqué surtout des bas-reliefs de la frise du Parthénon, d'une réussite parfaite.

La photographie anglaise, portant la devise : *Grande-Bretagne et Irlande*, a une telle importance, qu'il nous a semblé nécessaire de l'examiner après avoir passé une revue rapide des productions que nous avons crues secondaires, mais qui nous ont captivé au passage. Epuisons donc, s'il est possible, l'étude des petites exhibitions européennes.

La Bavière, représentée par M. Hansstrengl, a exposé sous un dais, dans un demi-jour, et à une distance ménagée par un étalage de papeterie, une collection de portraits d'une dimension régulière, ayant tous un fond uniformément conventionnel, une dégradation produite par des moyens dans lesquels nous n'avons pas à initier le lecteur.

Ces portraits ont été photographiés par un dessinateur familier avec le maniement du crayon, de l'estompe, et peut-être de l'encre de Chine. Ce qui nous a le plus frappé dans cette réunion d'hommes de caractères variés ou qui devraient l'être, c'est l'expression générale d'ennui profond qui règne sur toutes ces physionomies, l'ennui qui va jusqu'à la douleur : l'ennui du chien de Terre-Neuve à l'attache, l'ennui du lion dans sa cage, à l'heure du crépuscule. Il y a là des yeux mourants qui vous navrent. On quitte cette exposition la tête baissée comme au sortir d'un sépulcre.

Combien nous préférons à ces produits régulièrement rognés, alignés, arrondis aux angles, les œuvres variées et élégantes de nos photographes, de M. Belloc, par exemple, de M. Person, de M. Laverdet, et autres, dont nous éprouvons, à propos de la Bavière, le regret de n'avoir pas parlé. Leurs ouvrages, résumant les découvertes antérieures, ne sont pas de ceux, il est vrai, d'où nous pouvons apercevoir comme de points culminants les progrès à venir, proches où lointains. Mais, dans un concours général, ils méritent une belle place, et leur valeur ne doit pas être méconnue.

CHAPITRE III.

Photographie anglaise.

Les œuvres des photographes français ont été placées au rez-de-chaussée nord du grand salon, tandis que celles des Anglais sont exposées au midi, dans les galeries supérieures. L'espace qui sépare les unes des autres est tellement grand, la route en est semée de tant d'agréables distractions, que la comparaison ne peut se faire qu'au moyen de souvenirs à demi effacés. Les efforts qui ont été faits de chaque côté du détroit pour gagner la palme, se répartissent entre les deux nations de telle sorte, qu'il y a lutte dans le paysage, avec supériorité pour la photographie anglaise, tandis qu'il n'existe aucune lutte entre les reproductions de monuments exposées de part et d'autre, la supériorité en ce genre restant tout entière à la France.

Les artistes anglais ne craignent pas les transports de bagages : ils y mettent même une sorte de luxe qui leur est particulier, et en font un moyen de considération dans les contrées qu'ils traversent. Des courroies et des enveloppes de cuir bien cousues, des boucles reluisantes, des cuivres étincelants, des acajous vernis : tout a un aspect d'instruments de précision, un parfum scientifique qui se traduit en estime parmi la population provinciale, leur vaut le titre d'ingénieur et beaucoup d'égards dans les hôtelleries. Grâce à cette prédilection pour les bagages somptueux, les transports de glaces et d'appareils nécessaires à la photographie de paysage par le moyen du collodion, deviennent possibles à de certaines distances ; d'autant mieux qu'au moyen d'une solution de miel dans l'eau distillée, on prolonge la durée de la sensibilité des plaques, et qu'une faible quantité de nitrate d'argent ajoutée à cette solution augmente la rapidité de l'opération.

Cette rapidité de l'opération est indispensable dans la reproduction de certaines forêts, de certaines masses de végétaux dont le feuillage s'agite au moindre souffle atmosphérique. En ceci, le collodion, si rapide, aura toujours la préférence. La supériorité des paysages de Roger Fenton : *Rivaux abbey, Valley of the Warfe*, est due à la délicatesse et à la promptitude de cet excipient.

On peut placer en tête de tous les paysages anglais et français l'épreuve singulièrement remarquable qui est désignée *Cottage and figures*, de M. Withe. Cette pièce, tirée avec un talent hors ligne, serait un chef-d'œuvre de positif comme teinte, comme délicatesse de tons, blancs purs, noirs veloutés, etc., si déjà elle ne révélait un négatif d'une finesse et d'une netteté incomparables. Ceux-là seuls qui ont vu les belles épreuves du baron Gros sauront que la plaque daguerrienne a été égalée, sans avoir été vaincue cependant, par le chef-d'œuvre anglais de M. Withe. Ainsi la question de savoir si jamais l'épreuve sur papier égalera l'épreuve sur métal est définitivement résolue.

Ce qu'il est important de remarquer dans le *Cottage* de M. Withe, c'est la *profondeur de l'image*. Les fleurs des premiers, des seconds plans, les lierres des murailles, les figures, l'une droite, l'autre assise : tout est net, rien n'est sacrifié. La *profondeur de l'image* dépend de certaines conditions dans l'exécution des objectifs. Cette question est d'une telle importance pour les perfectionnements de la photographie en France, qu'il devient indispensable de l'examiner et d'attirer sur ce point l'attention des sociétés savantes.

Ainsi, nous citerons un chef-d'œuvre de *profondeur*. M. Wilks a exposé un groupe d'invalides vus presque de profil : je crois en avoir compté neuf assis sur un banc et pris d'enfilade; ils sont tous venus d'une netteté parfaite, à l'exception du dernier, vieillard cassé qui a dû trembler. Reportons-nous maintenant devant les portraits si recherchés de notre photographe Plumier. Examinons cette charmante femme debout, le corps un peu de profil. Sa tête est très-nette; mais le bras de la même personne, placé en avant de la tête, n'est plus au point; il est nébuleux et mal venu. Voilà donc un objectif, celui de M. Wilks, qui a représenté les pensionnaires de Greenwich, neuf figures les unes derrière les autres, les a saisis instantanément avec une netteté égale, aux deux extrémités de la file; puis un autre objectif, celui de M. Plumier, qui ne prend d'un même personnage qu'une tranche, si je puis m'exprimer ainsi, et qui est insuffisant pour reproduire les parties antérieures et les parties fuyantes de ce même personnage.

Et puisque nous sommes descendu de l'étage supérieur dans l'exhibition française, remarquons un portrait grand comme nature, nouvellement exposé par MM. Thompson et Bingham. Ce portrait représente un homme jeune encore, en buste, avec une main au gilet; la ressemblance peut permettre de nommer le personnage : M. Gaudin jeune. Mais l'objectif puissant qui a produit cette gigantesque épreuve n'a pas de profondeur; la joue est au point, parfaitement nette, l'oreille n'y est pas encore, et le nez n'y est plus. La partie antérieure d'un dossier de chaise, placé près du modèle, est au point, le reste du dossier n'y est pas. Cet objectif si étendu en surface n'a aucune *profondeur*.

Il y aurait donc lieu de comparer non-seulement les épreuves, mais encore les objectifs de MM. White et Wilks d'une part, et ceux de MM. Plumier et Thompson d'autre part.

Les premiers accusent avec finesse des plans et des personnages successivement reculés et espacés; les seconds sont incapables de saisir ensemble les diverses parties d'un même individu, bien plus, d'un même visage. Ceci, dira-t-on, regarde les opticiens. Mais on avouera que cela intéresse bien plus encore les photographes. D'abord, les objectifs de MM. White et Wilks sont des objectifs simples; et, sans les avoir vus, nous pourrions affirmer qu'ils sortent des ateliers du vénérable Andrew Ross, à qui nous en faisons de sincères et lointains compliments; les seconds, ceux de MM. Plumier et Thompson, sont des objectifs à verres combinés. Il s'agit donc de substituer les objectifs simples, qui ne déforment pas les images, mais qui agissent lentement, aux objectifs à verres combinés, qui déforment plus ou moins, et dont l'action est plus rapide en raison de la concentration réitérée des rayons lumineux. La rapidité des substances photographiques est devenue telle aujourd'hui, que cette substitution est possible et sans inconvénient : elle aura même les effets les plus désirables. Indépendamment de la rapidité des substances, on peut augmenter la rapidité de l'objectif lui-même, en supprimant les diaphragmes, qu'on peut remplacer par des couloirs.

Le diaphragme a pour fonction de s'opposer aux rayons lumineux obliques qui, intervenant dans les images, y apportent le désordre et détruisent la netteté des contours. Si, de l'objectif jusqu'au modèle, on établit un couloir, une tenture noire, dont l'ouverture corresponde aux bords de l'encadrement du modèle, on aura supprimé les rayons obliques et nuisibles, et on pourra donner un libre accès aux rayons utiles, à ceux qui produisent l'image, en retirant les diaphragmes. Par ce moyen nous avons obtenu assez rapidement, dans l'atelier de M. Claudet, à Londres, un portrait parfait à une heure tellement avancée, que ce photographe distingué avait jugé impossible la réussite avec un diaphragme.

Le moment est donc venu de passer à un notable perfectionnement en substituant aux lentilles combinées la lentille simple. Mais le problème de la *profondeur* n'est pas résolu; car telle lentille simple d'un foyer déterminé aura plus de *profondeur* que telle autre du même foyer. Pourquoi cette différence? voilà la question. Si nous faisons appel aux sociétés photographiques pour la résoudre, c'est parce que la solution est difficile et les expériences nécessaires très-coûteuses. Hélas! nous voilà malgré nous entraîné hors de la photographie : il faut parler de cet admirable instrument, de l'objectif, que d'abord, avec quelque raison, l'on avait appelé la tête, et qu'il eût été plus rationnel de nommer l'œil de la chambre noire; mais le nom d'objectif a prévalu.

Les écrivains qui ont traité de la photographie se sont contentés de parler en général soit de l'importance, soit du choix d'un bon objectif; mais ils se sont abstenus de traiter des courbes et de leur tracé ou de toutes autres conditions relatives à l'exécution de ce précieux instrument. Il y a même une telle différence entre les produits des divers opticiens de France, d'Allemagne et d'Angleterre, qu'on peut croire à l'absence d'une règle invariable, d'une théorie écrite qui n'eût pas manqué de devenir une loi générale. Les instruments allemands ont, entre autres désavantages, celui d'avoir un *foyer visuel* et un *foyer chimique,* ce qui est un détestable inconvénient. On est obligé de placer la surface impressionnable où se forme l'image à un point plus ou moins éloigné de la surface dépolie où nous l'apercevons.

Les objectifs de l'Anglais Andrew Ross n'ont pas ce défaut; mais, quoique très-fins, les verres employés par cet habile opticien n'ont pas toute la blancheur désirable, du moins ceux des années précédentes. Je suis porté à croire que les objectifs de MM. White et Wilks sont d'une blancheur parfaite. Quelques objectifs français remplissent d'une manière très-satisfaisante les conditions d'unité dans le foyer et de pureté dans les matières habilement employées. Quant aux courbes, elles sont essentiellement variables dans certaines limites, et leurs différences sont exigées par la densité relative des matières premières.

L'objectif de la chambre obscure, réduit à sa plus simple expression, est une lentille convexe.

La lentille d'un objectif simple est généralement composée de deux verres superposés et collés, soit, de quatre surfaces, dont deux à l'extérieur de la lentille et deux à l'intérieur; l'un des verres est biconvexe, l'autre biconcave; le premier est en crown, le second en flint : le crown est le *verre pur ;* le flint est ce qu'on nomme *cristal,* verre aussi, mais dans la composition duquel entre l'oxyde de plomb, ce qui augmente sa densité, son poids et sa réfrangibilité.

La différence entre les verres des diverses fabriques est inhérente à la fusibilité variable des matériaux employés. Le sable quartzeux, qui est la matière première des verriers, étant fusible à des degrés différents, selon la différence des gisements, on conçoit qu'une différence dans la proportion des fondants est nécessaire, et qu'il est difficile d'obtenir des verres d'une densité régulière. Cette difficulté est telle, qu'une même masse de verre contient des parties de densités inégales.

La superposition du flint (concave) et du crown (convexe) a pour objet d'achromatiser la lentille, c'est à dire d'annihiler les franges colorées qui bordent les images. Cette coloration a lieu généralement lorsqu'on emploie une lentille d'un seul morceau. L'importance des courbes est telle, qu'avec quatre disques du même diamètre et de la même matière, on peut obtenir quatre lentilles d'objectif de nature différente. Ainsi, la première lentille pourra être convexe d'un côté et plane de l'autre, la deuxième biconvexe avec courbes identiques pour chacune des deux faces, la troisième biconvexe avec courbes de rayons différents, la quatrième sera convexe d'un côté et concave de l'autre. Voilà donc, pour une lentille d'un seul morceau, et pouvant produire une image au foyer de la chambre obscure, quatre états différents, quatre systèmes de courbes ayant chacun un effet particulier, lors même que le résultat de ces courbes serait la coïncidence à un foyer identique.

Nous avons suivi dans l'indication de ces diverses formes une progression, un ordre en rapport avec la perfection, dont elles se rapprochent de plus en plus : la *première*, produisant les images les moins nettes et la plus grande coloration ou irisation, et la *quatrième* donnant des résultats tellement voisins de la perfection, qu'avec certains rapports entre les surfaces concave et convexe, avec certaines qualités de la matière première, on pourrait obtenir une lentille qui donnerait sur le verre dépoli des images d'une pureté égale à celles obtenues par une lentille composée de crown et de flint. Dans celle-ci les quatre faces sont susceptibles de courbes très-variés par leurs rayons et leurs rapports, les convexes compensant les concaves toujours pour un même foyer.

On comprend dès lors combien est grande la difficulté d'établir une théorie certaine au milieu de ces innombrables combinaisons, où la densité des matières doit être, soit calculée, soit au moins prise en considération.

Rien de ce qui précède n'est hasardé; l'expérience a été notre seul guide, mais l'étendue de ce chapitre ne nous permet pas de nous livrer à d'autres aperçus. Qu'il nous suffise de léguer aux photographes, plus libres dans leurs recherches, une vérité que nous avons entrevue : c'est que la *profondeur* plus ou moins grande des images dans chaque objectif est en rapport direct avec l'épaisseur des disques; épaisseur qui permet *plusieurs courbes d'un moindre rayon pour un foyer déterminé.*

Il s'agirait, pour obtenir une solution du problème en question, de tailler, dans une masse de verre très-homogène, deux lentilles convexes égales en tout, sauf en épaisseur, et de les essayer comparativement.

On verrait alors si la profondeur de l'image est en rapport direct avec l'épaisseur du verre. S'il n'en était pas ainsi, la plus épaisse serait taillée avec des courbes compensatrices d'un moindre rayon pour le même foyer. Cette deuxième expérience devrait être concluante. L'une et l'autre serait d'un grand intérêt. Nous nous sommes un moment isolé du public des lecteurs, nous avons même semblé négliger les photographes ; revenons à leurs œuvres.

M. Maxwell Lyte a aussi employé le collodion. Ses vues du pont de Bètharran, couvert de lierre, avec figures ; de la rivière Don, bordée de sapins pittoresques, scotfirs, et surtout celle de la vallée de Bagnères, lui ont valu de ferventes admirations.

M. Maxwell Lyte a exposé à part trois vues maritimes : des navires sillonnent la mer dans le lointain, les vagues sont nettement rendues. La rapidité des procédés n'étonne plus et n'intéresse personne, depuis les nombreux essais auxquels a donné lieu le collodion.

Citons de M. Llewelyn une vue de la ville de Bristol, qu'on aperçoit à travers les arbres d'une promenade ; c'est au printemps, probablement en avril ; les branches se couvrent de légers bourgeons ; — ailleurs, une fougère d'un grand effet au milieu d'un bois épais. Plus loin, sous le nom du même auteur, un ruisseau coule dans le lit du torrent. Les arbres, les lierres, les herbes ! Quelle vigueur ! quelle finesse !

C'est aussi à M. Llewelyn qu'on doit la dame en robe blanche assise dans une forêt, près d'une rivière et d'une barque, une des bonnes épreuves de l'exhibition anglaise.

M. Beaufort, de Dublin, a exposé des plaques daguerriennes.

La France, la Prusse et l'Autriche ont lutté pour la grandeur des épreuves ; mais les Anglais ont donné un salutaire exemple de la modération dans le choix des dimensions de leurs photographies : les plus grandes n'ont pas plus de 50 centimètres. Ce sont deux vues d'un même pont, gigantesque construction en fonte et fer, avec pile monumentale au milieu. L'une des épreuves représente le dessus du pont, et l'autre le dessous.

M. Ch. Thurston Thompson a reproduit onze dessins de Raphaël qui font partie de la collection du château de Windsor. Les plus remarquables sont : la Léda, belle grande figure debout, le cygne placé à son côté gauche ; diverses études et croquis pour le Massacre des Innocents ; une figure allégorique de la Poésie tenant une lyre, dessin à l'estompe ; Adam et Eve chassés du paradis terrestre ; une Sainte Famille, composée de sainte Anne, la sainte Vierge et saint Jean, adorant l'Enfant Jésus ; les Trois Grâces, composition entièrement différente de celles du palais Farnèse ; Homère, Virgile et Dante : le Virgile tel que Raphaël l'a indiqué ici serait une manière de

Thésée herculéen à barbe courte et touffue ; Joseph se révélant à ses frères, étude d'après le modèle vivant : celui-ci est sur la table, son vêtement moderne des plus légers est attaché par des cordons qui permettent de voir ses jambes nues.

Ces magnifiques compositions sont reproduites avec une telle fidélité, que la photographie, n'eût-elle d'autre mérite, d'autre usage que la reproduction des beaux dessins des maîtres, serait pour cela seulement un art divin aux yeux des artistes de tous les pays du monde. Espérons que les précieux dessins de la collection du Louvre pourront un jour, grâce à la photographie, féconder nos écoles et ajouter à l'éclat de nos musées.

Mais l'histoire naturelle, la zoologie surtout, a aussi son tribut d'éloges à payer à l'héliographie. Quel dessinateur eût pu rendre l'âge et la tristesse de ce vieux lion, la mollesse ridée de l'hippopotame endormi sur son rivage de planches, sans souci des cockneys qui le contemplent à travers le grillage. Cette collection zoologique est d'un grand intérêt : l'objectif qui a reproduit la lionne a été placé entre les barreaux de la cage ; la bête fauve pose avec attention et admet très-volontiers cette diversion à ses ennuis. L'éléphant, le zèbre, jeune zébrion, la girafe, le chameau, le renne, l'autruche, la gazelle, l'aigle, le courli, le héron blanc, semblent avoir tous posé avec complaisance, c'est-à-dire que, grâce à une détente, ils ont été pris sur le fait.

De tous ces animaux, le plus gracieux, le plus aimable, en apparence du moins, c'est le tigre, dont une double rangée de barreaux donne lieu de suspecter le caractère.

Nous sommes loin d'avoir épuisé cette exhibition, où figurent d'autres indivividus précieux que la distance en élévation et le miroitement des cadres ne nous ont pas permis d'apercevoir.

Le monde microscopique a aussi ses explorateurs photographes en Angleterre aussi bien qu'en France. MM. Bertsch et Arnaud ont dignement soutenu l'honneur de la France dans cette exhibition d'êtres, de tissus et de globules invisibles à l'œil nu; mais l'apport de l'Angleterre a plus d'importance par le nombre et l'étrangeté des spécimens.

M. John Lamb a exposé une vue dont le ciel et les nuages sont fort remarquables. Le soleil se couche sur la ville d'Aberdeen, au milieu d'une forêt de longues cheminées fumantes; on dirait l'œuvre réfléchie d'un artiste capricieux et mélancolique.

Beaucoup d'Anglais ont négligé de signer leurs ouvrages : citons leurs ouvrages et négligeons les noms. Vingt vues de Constantinople sont très-belles, très-nettes et visibles en tous points, ainsi que trois vues d'Athènes : le temple de la Victoire, celui d'Erectée et le monument choragique de Lysicrate, appelé aussi lanterne de Démosthènes, parce que longtemps on supposa que ce petit monument avait été élevé à la gloire de l'orateur par excellence. Le public parisien, ne connaissant des lanternes athéniennes que celle de Diogène, attribua au philosophe cynique la lanterne de Saint-Cloud : celle-ci est une copie en terre cuite du monument de Lysicrate, exposée à Paris par les frères Trabucci en 1802.

Un artiste modeste a présenté une sarcelle et une famille de cailles. Les cailleteaux frétillent autour de la mère; l'un d'eux a osé monter sur le dos de son bon père, qui semble se réjouir des hardiesses de sa progéniture. M. *** expose un coin de mur, au pied duquel, d'un panier renversé, s'écroule un tas de pommes de terre; un balai, une lanterne, complètent la composition. Il n'en faut pas davantage pour faire un joli tableau flamand.

A la suite de l'exposition universelle de Londres, le monde entier s'est intéressé à la destinée du Palais de Cristal; grâce à M. Delamotte, photographe anglais, nous pouvons le voir rebâti à Sydenham, dans un jardin magnifique. Sa destination principale est un musée d'architecture. Les portiques égyptiens, les colonnades de Karnach, la chapelle Laurentine de Florence, ornée des figures de Michel-Ange, le Pensière, le Jour et la Nuit, etc., etc., occupent les salles jadis encombrées de produits industriels. Ici l'on voit un sculpteur qui retouche la tête colossale de la Bavaria; là est reproduite en entier la cour des lions du palais mauresque de Grenade; ailleurs, on voit des collections nombreuses de statues grecques, plus loin, un portail de la renaissance avec une Diane au front, gardée à droite et à gauche par des cariatides de Jean Goujon, etc., etc.

Mettons un terme à ces vaines descriptions, et résumons-nous. Ce qui place la France à la tête de ces légions photographiques dont nous avons à peine esquissé le dénombrement, c'est son élan vers l'avenir. La France seule a compris l'importance de la gravure héliographique, elle seule en a exposé quelques essais. Après avoir répandu dans le monde la découverte de Niepce et de Daguerre, elle semble s'être réservé une mission plus difficile encore et non moins glorieuse, celle de présider à tous les développements de cet art désormais impérisable.

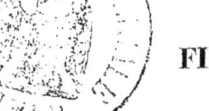

FIN.

DIJON. IMPRIMERIE DE DOUILLIER.

www.ingramcontent.com/pod-product-compliance
Lightning Source LLC
Chambersburg PA
CBHW050023230526
45470CB00003B/1109